Trudi Gerster

Hasengeschichten

Trudi Gerster

Hasen-
geschichten

Illustrationen von Andreas Jenny

SILVA

Herstellung: GU-Print AG, Urdorf
Printed in Italy

Copyright © by Silva-Verlag, Zürich
Alle Rechte vorbehalten
ISBN 3-908487-16-1

Inhalt

5 **Der Hase und der Gockel**

13 **Der Hase und der kleine Elefant**

19 **Der Trommelhase**

27 **Purzel, der kleine, dicke Osterhase**

37 **Vom Kaninchen, das Eier legen wollte**

47 **Der Hase und der Storch**

51 **Der Hase, der Elefant und der Wahl**

57 **Der Hase und der Löwe**

Der Hase und der Gockel

In einem grossen Wald lebten vor langer Zeit ein Fuchs und ein Hase. Beide hatten keine Höhle gefunden. Im Sommer war das nicht weiter schlimm. Aber als im Herbst der Sturm heulte, Regen und Schnee vom Himmel fiel, sagte der Hase: «Ich suche mir Baumrinde und baue mir ein Haus.»
Viele Tage lang suchte er, arbeitete und werkelte und hatte endlich ein schönes Haus mit einem Gärtchen davor.

Der Fuchs hatte alles beobachtet. Aber er war zu faul, um Baumrinde zu sammeln.
«Ich mach's mir einfacher,» sagte er, «ich scharre Schnee zusammen und baue mir ein Schneehaus. Das wärmt genauso gut.»
Der Hase bekam viel Besuch; Vögel und Eichhörnchen kamen, um sein gemütliches Haus zu bewundern. Dem Fuchs in seinem Schneehaus aber gingen sie aus dem Weg.
So wurde es Frühling. Im Garten des Hasen guckten Schneeglöckchen und Blausterne aus der braunen Erde, und er grub mit seinen Pfoten ein Beet, um Kohl zu pflanzen. Bei schönem Wetter lag er im Garten auf dem Rücken und liess sich die Sonne auf den Bauch scheinen. Natürlich schien die Sonne auch auf das Schneehaus vom Fuchs. Bald war es ganz und gar weggeschmolzen.
Da schlich der Fuchs zum Hasen und fragte:
«Kann ich mich in deinem Haus etwas wärmen? Ich bin ganz nass. Die Sonne hat mein Haus weggeschleckt.»
«Ja, ja, komm nur rein.»
Aber kaum war der Fuchs im Häuschen, rief er:
«Dampf ab, Hase – hier ist kein Platz mehr für dich!»
Der Fuchs warf das Häschen aus seinem eigenen Haus.
Traurig zog es fort. Unterwegs traf es den Bären.
«Warum weinst du, Langohr?»
«Ich hatte ein Haus aus Baumrinde und der Fuchs eines aus Schnee. Er fragte, ob er sich bei mir wärmen dürfe, und dann hat er mich aus meinem eigenen Haus hinausgeworfen.»
Der Bär sagte tröstend:
«Weine nicht Häschen, ich gehe einfach zu deinem Haus und brumme tief und laut, dann bekommt es der Fuchs mit der Angst zu tun und wird sofort verschwinden.»
«Vielen Dank, lieber Bär», schnüffelte der Hase und wischte sich mit einem Efeublatt die Tränen weg. Der Bär trottete zum

Hasenhaus, streckte seinen dicken Zottelkopf durchs Fenster und brummte:
«Zisch ab Fuchs, mach dass du wegkommst!»
Der Fuchs aber antwortete frech:
«Warte nur, du dicker Brummbär, wenn ich rauskomme, dann fliegen die Fetzen – dir zum Entsetzen!»
Aber er kam nicht aus dem Haus.
Da dachte der Bär bei sich:
«Ach, warum soll ich mich mit dem Fuchs herumärgern. Der Hase kann sich ja ein anderes Haus suchen.»
Und er trollte sich davon. Das Häschen hoppelte weiter und heulte mehr als zuvor. Da begegnete ihm der Ochse.

«Muuhh, warum weinst du denn so, Häschen?»
«Ich hatte ein schönes Haus aus Baumrinde und der Fuchs eines aus Schnee. Als seines geschmolzen war, fragte er mich, ob er sich bei mir wärmen dürfe, und dann hat er mich rausgeschmissen.»
«Muuuhh, ich komme mit, ich werde dir helfen.»
«Nein Ochse, das kannst du nicht. Der Bär hat es auch schon versucht. Aber es ging nicht.»
«Muuuuhhh, das wäre ja noch schöner. Dem werde ich schon Beine machen.»

Sie gingen zum Hasenhaus. Der Ochse brüllte aus Leibeskräften:
«Muuuuhh, mach dich auf die Socken Fuchs, komm heraus, aber plötzlich! Muuuhh.»
«Warte nur, ich komme schon, aber wenn ich komme, dann werde ich dich verstampfen und vermampfen.»
Aber er kam und kam nicht raus. Da dachte der Ochse bei sich: «Warum soll ich mit dem Fuchs meine Zeit vergeuden? Ich habe Wichtigeres zu tun.»
Auch er machte sich aus dem Staub. Er drehte sich um und verschwand. Jetzt schluchzte der Hase zum Steinerweichen. Dicke Tränen tropften von seinem Schnurrbart, als er langsam weiterzottelte. Bald darauf kam er zu einem Misthaufen.
Von oben krähte der Hahn:
«Kikerikiii, warum weinst du, Häschen?»
«Der Fuchs hat mich aus meinem eigenen Haus geworfen, und jetzt kann ich nicht mehr hinein.»
«Kikerikii, sei nicht traurig, ich werde dir helfen.»
«Ach Gockelchen, du bist viel zu klein. Der Bär hat's schon probiert, der Ochse auch, und die beiden sind viel stärker als du. Sie haben es auch nicht geschafft, der Fuchs ist immer noch im Haus.»
Der Hahn tröstete den Hasen:
«Sei nicht betrübt, das wäre doch gelacht, wenn wir den Schlaumeier nicht rausbrächten.»
Sie gingen geradewegs zum Hasenhaus. Vor der Tür schlug der Gockel wild mit den Flügeln und krähte:
«Kikeriikiii, komm raus Fuchs, in diesem Haus hast du nichts zu suchen – kiikeriiikiii!»
Der Fuchs stürzte aus der Haustür und wollte den Hahn schnappen. Aber hast du nicht gesehen, schon war der Gockel auf dem Dach. Wütend zog sich der Fuchs ins Haus zurück.

Der Hahn aber krähte und krähte so laut und garstig, wie er nur konnte.
Es war Mittag. Der Gockel krähte. Die Sonne ging unter. Der Gockel krähte immer noch. Anfangs hatte sich der Fuchs die Ohren einfach zugehalten, dann hatte er sie mit Moos verstopft. Aber alles war umsonst. Es war schon tiefe Nacht, als der Hahn endlich eine Pause machte. Er musste ein wenig ausruhen von dem anstrengenden Gekrächze.

Der Fuchs war so fuchsteufelswild, dass er vor lauter Zorn einfach nicht einschlafen konnte. Als ihm dann endlich die Augen zufielen, da krähte der Gockel vom Dach herunter:
«Kikeriiikei – es ist morgens um dreiii –
Schluss ist mit Pennen,
jetzt musst du rennen,
nimm deine Beine
und zieh Leine.
Geh' endlich raus
und bau' selber ein Haus.
Mit Schlafen ist Schluss,
du taube Nuss! Kikerikiiiiii, Kikerikiiiii, Kikerikiii!»
«Wauuuh – auuuh!»
Aus dem Haus drang wütendes Jaulen und Bellen. Die Tür sprang auf, der Fuchs nahm Reissaus und verschwand im Wald. Er wurde nie mehr gesehen in dieser Gegend.
Der kleine Hase wohnte jetzt wieder in seinem Haus und mit ihm der freundliche Gockelhahn.

Der Hase und der kleine Elefant

Es war Frühling. Die Sonne schien, die Vögel zwitscherten, und der Hase hopste quietschvergnügt durch den Wald. Er machte hohe Freudensprünge, frass viel frischen Klee und würzige Kräuter, bis er müde wurde.
Nahe beim Fluss kauerte er sich behaglich auf einen Baumstamm und mümmelte vor sich hin:
«Oh, hier ist es schöön. An diesem Plätzchen ruhe ich mich ein wenig aus.»
Nach einem erfrischenden Nickerchen wollte er wieder aufstehen. Aber es ging nicht. Der Hase hatte sich auf klebriges Baumharz gesetzt und konnte nun nicht mehr aufstehen.
Er zerrte, riss, strampelte und zappelte. Aber es half alles nichts, er hockte da wie angenagelt.

Auf einmal hörte der Hase ein gefährliches Knurren. Es kam näher und näher. Ein Tiger! Er pirschte zum Flussufer und begann zu saufen.
Der Hase war vor Angst mucksmäuschenstill und wagte kaum zu atmen. Glücklicherweise bemerkte ihn der Tiger nicht. Als sie genug getrunken hatte, verschwand die Raubkatze wieder im Dickicht. Erleichtert atmete der Hase auf:

«Jetzt ist es aber höchste Zeit, dass ich hier wegkomme.»
Erneut zerrte und rupfte der Hase, aber er klebte so fest, dass er nicht loskam. Eine Horde Affen stürmte zum Wasser. Der Hase flehte:
«Hilfe – hallo – ihr lieben, guten Äffchen, helft mir bitte, ich klebe hier fest. Bitte, bitte!»
Hämisch lachten ihn die Affen aus:
«Hähähähää, der Hase klebt, hat nicht aufgepasst, das Langohr. Kleb wohl Häschen, kleb wohl!»
Eine Giraffe stolzierte gemächlich zum Flussufer. Der Hase winselte und bettelte:
«Liebe Giraffe, hilf mir hier weg, ich klebe auf dem Baumstamm fest!»
Aber die Giraffe näselte von oben herab:
«Diese jungen Schnaufer, hopsen in der Weltgeschichte herum, ohne aufzupassen und wundern sich, wenn sie kleben bleiben. Kleb du nur, ich habe Gescheiteres zu tun.»
Immer noch hockte der Hase auf dem Baumstamm. Er war verzweifelt, und wusste weder ein noch aus.
Als die Sonne hoch am Himmel stand, zottelte ein kleiner Elefant vergnügt zum Fluss. Und auf einmal fiel dem Hasen etwas ein. Mit lauter Stimme wetterte er los:
«Was willst denn du hier, du hast hier nichts zu suchen. Los, verschwinde, aber schnell!»
«Ich will aber Wasser trinken!» trompetete der kleine Elefant.
Der Hase schimpfte wie ein Rohrspatz:
«Nichts da, der König der Fische hat streng verboten, dass andere Tiere hier Wasser trinken. Ich muss den Fluss bewachen. Verzieh dich, sonst kannst du was erleben!»
Der kleine Elefant machte auf der Stelle kehrt, rannte zur Elefantenmutter und jammerte:
«Mamiii, beim Wasser hockt ein kleines Tier mit langen Ohren,

es hat mich angebrüllt und gesagt, es sei verboten, dort Wasser zu trinken, und ich habe solchen Durst!»
«Was sagst du da? Ein kleines Tier mit langen Ohren? Das ist bestimmt der Hase, der Frechdachs. Na, der wird mich kennenlernen!» trompetete die Elefantenmutter. Erbost stapfte sie mit ihrem Jungen zum Flussufer.
Unverfroren blickte ihr der Hase entgegen. Die Elefantenmutter dröhnte zornig:
«Was fällt dir ein, du unverschämter Nichtsnutz. Wie kommst du dazu, meinem Kind das Trinken zu verbieten? Das Wasser ist doch wohl für alle da. Was hast du denn überhaupt hier verloren?»
Der Hase schaute den Elefanten ganz frech an und schrie, so laut er konnte:
«Das ist mein Platz; der König der Fische hat mir befohlen, das Wasser zu hüten, damit keines von den grossen Trampeltieren hier saufen kann. Hier bin ich und hier bleib' ich, du dickes, rüsselköpfiges Schlappohrentier, du!»

Wutentbrannt raste die Elefantenmutter auf den Hasen zu:
«Dir will ich's zeigen, du langohriger Hasenfratz!»
Sie packte den Hasen mit dem Rüssel, riss ihn mit einem Ruck vom Baumstamm weg und warf ihn ins Gestrüpp.
Darauf hatte der Schlaumeier natürlich nur gewartet. Er fiel auf seine vier Pfoten, schüttelte sich und rannte fröhlich davon. Man hat ihn noch lange kichern gehört.

Der Trommelhase

Vor langer, langer Zeit war im Indianerland schon monatelang kein Regen mehr vom Himmel gefallen. Die Teiche waren leer und die Bäche ausgetrocknet. Alle Waldtiere versammelten sich und berieten miteinander, was sie tun könnten. Der Löwe kam, der Bär, der Wolf, der Fuchs, der Affe, der Hase und viele mehr. Der Fuchs war schon damals eines der klügsten Tiere. Er dachte ein wenig nach und sagte:
«Wir sollten ein tiefes, tiefes Loch graben. Dort kann sich das Wasser sammeln, wenn es wieder einmal regnet. Dann haben wir einen Brunnen, aus dem wir alle trinken können.»
Der Bär nickte zustimmend mit seinem dicken Zottelkopf:
«Das ist eine sehr gute Idee. Wir helfen alle beim Graben.»
Die anderen Tiere waren auch einverstanden. Sofort begannen sie zu graben. Jeden Tag kamen die fleissigen Waldbewohner. Die Erde war sehr trocken, hart und rissig. Mühsam kratzten, buddelten und gruben sie, bis ihnen die Pfoten weh taten.
Nur ein einziges Tier half nicht mit – das war der Hase. Immer wenn eines der Tiere kam, um ihn zur Arbeit zu holen, hatte der Schlaumeier eine neue Ausrede:
«Oh, es tut mir leid, ich habe so schrecklich Bauchweh. Wahrscheinlich habe ich etwas Giftiges gefressen. Ich muss unbedingt Umschläge machen. Heute kann ich unmöglich arbeiten.»
Beim nächsten Mal jammerte er:
«Auu, auau – mich hat eine Wespe ins Ohr gestochen. Jetzt muss ich den Kopf ganz ruhig halten. Ich habe bestimmt Fieber. Schaut nur, wie mir die Zähne klappern!»
Und er klapperte mit seinen Hasenzähnen.
Endlich, nach vielen Tagen, hatten die Waldtiere ein grosses,

tiefes Loch gegraben. Plötzlich stiessen sie auf eine Quelle, die tief aus der Erde sprudelte. Staunend sahen die Tiere zu, wie sich ihr Brunnen mit frischem Wasser füllte. Nun konnten sie nach Herzenslust trinken. Aber wer kam jetzt auf einmal dahergehoppelt? Der Hase! Die anderen Tiere schubsten ihn vom Brunnen weg und grollten:
«Verschwinde du Faulpelz, du hast beim Graben nicht geholfen, jetzt brauchst du auch nicht zu trinken.»
Den ganzen Tag über durfte der Hase nicht zum Brunnen. Aber in der Nacht, als alle anderen schliefen, schlich er heimlich zum Wasserloch und trank sich voll.
Als die Tiere am frühen Morgen zum Wasser kamen - was entdeckten sie als Erstes? Die Spuren von Hasenpfoten!
Der Bär brummte:
«Dem Lauser werden wir es zeigen. Heute Nacht bewache ich den Brunnen. Das wäre ja noch schöner!»
Abends gingen alle schlafen, nur der Bär machte es sich neben dem Brunnen bequem und horchte. Es dauerte nicht lange, da hoppelte etwas durchs Gebüsch, schnurstracks aufs Wasser zu: der Hase. Als er den Bären am Wasserloch wachen sah, wusste er zuerst nicht, was er tun sollte. Pfiffig wie er war, fiel ihm sogleich etwas ein. Er versteckte sich hinter einem dicken Busch, trommelte auf einem hohlen Baustamm und sang mit hoher, verstellter Stimme:
«Tralala, Bärchen komm, dreh dich im Kreis herum – heut' ist die Sternennacht, nur für den Tanz gemacht.»
Der Bär spitzte die Ohren und schaute um sich.
«Was ist das bloss für eine schöne Musik? Schööön ist das, sooo schööön…»
Und wieder hörte man den Hasen singen:
«Tralala, Bärchen komm, dreh dich im Kreis herum – heut' ist die Sternennacht, nur für den Tanz gemacht.»

Jetzt hielt es der Bär nicht mehr länger auf seinem Platz aus. Er schwang seine Beine, drehte sich im Kreis und tanzte, bis er weit vom Brunnen entfernt war. Da sauste der Hase aus seinem Versteck hervor, huschte zum Wasser, löschte seinen Durst und verschwand im Wald. Am nächsten Morgen fanden die Tiere wieder Hasenspuren beim Brunnen. Lauthals lachten sie den Bären aus:

«Hohohoho! Na, du bist ein feiner Wächter. Der Hase hat dich ganz schön an der Nase herumgeführt. Heute Nacht muss der Affe den Brunnen bewachen, der passt bestimmt besser auf.»

Als es dunkel war, spähte der Hase wieder durchs Gestrüpp. Er entdeckte den Affen beim Brunnen und schon begann er von Neuem zu trommeln und zu singen:

«Tralala, Äffchen komm, dreh dich im Kreis herum – heut' ist die Sternennacht, nur für den Tanz gemacht.»

Der Affe beugte sich über das Wasserloch:

«Hmm, aus dem Brunnen kommt es nicht. Ouh, ist das Zaubermusik? Ich glaube, die kommt von den Blättern. Ui, ui, ui, so was Schönes habe ich noch nie gehört!»

Der Affe schlenkerte mit Armen und Beinen, hüpfte, sprang und tanzte selig immer weiter vom Brunnen weg, tiefer und tiefer in den Wald hinein. Der Hase flitzte los, pfeilgeschwind ans Wasser und trank in grossen Zügen.

Als die Tiere bei Sonnenaufgang wieder neue Hasenspuren entdeckten, begriffen sie die Welt nicht mehr. Sie schimpften den Affen aus:

«Warum hast du denn nicht aufgepasst? Dieser Lümmel hat uns ja schon wieder überlistet!»

Der Affe schwärmte:

«Ich sage euch, ich habe eine Musik gehört, so schön, so wunderbar, ich wollte nachsehen, wo sie herkommt, und unterdessen muss der Schelm Wasser stibitzt haben.»

Die Tiere sahen sich an und der Löwe knurrte:
«Rrrrrr – ja wenn das so ist, möchte ich diese wundervolle Musik auch einmal hören. Ich übernehme heute Nacht das Wachen.»
Da riefen alle Tiere wild durcheinander:
«Ich auch, ich auch, ich will auch Musik hören, ich auch, ich auch!»
Am Abend hockten und lagen sie nun also um den Brunnen herum und warteten. Der Mond ging auf. Der Hase schlich sich an und sah all die versammelten Tiere. Da begann er zu singen, so laut und schön wie noch nie. Dazu trommelte er den Rhythmus auf den herumliegenden Baumstämmen. Der Löwe, der Bär, der Fuchs, der Affe und all die anderen lauschten mit gespitzten Ohren; dann sprangen sie auf ihre Beine und wiegten sich im Takt. Gemeinsam tanzten sie um den Brunnen herum, immer wieder um den Brunnen herum.
Der Hase war ratlos, als er sah, dass die Tiere so nahe beim Brunnen blieben. Er wusste nicht, wie er es dieses Mal anstellen sollte, zum Wasser zu kommen. Doch schlau wie er war, liess er sich hurtig etwas einfallen.
Er hüpfte laut singend im Mondschein aus dem Wald heraus und tanzte zu den anderen hin. Dabei sang und trommelte er immerfort. Gerade als seine Musik am schönsten war, hörte er auf einen Schlag auf.
«He! Mach weiter, bitte, hör nicht auf zu singen, es ist soo schön», brummte der Bär.
Der Hase schüttelte den Kopf und krächzte heiser:
«Nein, nein – es geht nicht mehr. Ich bringe keinen einzigen Ton mehr heraus. Meine Kehle ist vollkommen ausgetrocknet.»
Da kekerte der Affe:
«Ja, dann trink' doch bitte schön, wenn du Durst hast. Wir haben ja Wasser im Überfluss.»
Der Hase hockte sich an den Brunnen und trank genüsslich, bis

sein Bäuchlein voll war. Danach trommelte und sang er wieder, und die ganze Gesellschaft tanzte, bis der Mond unterging.

Purzel, der kleine, dicke Osterhase

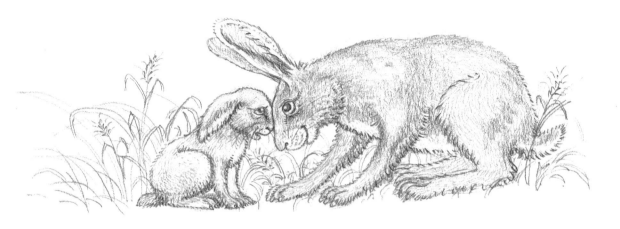

Auf einer schönen, grünen Wiese beim Waldrand sass ein kleiner, dicker Osterhase. Purzel hiess er, weil er so gerne Purzelbäume schlug. Dieses Jahr erlebte Purzel sein erstes Osterfest. Neugierig betrachtete er jetzt die anderen Hasen, die Onkel und Tanten. Alle Hasen trugen Körbe auf dem Rücken, die mit bunten Eiern und Schokoladehasen bis obenhin gefüllt waren. Nach und nach verschwand einer nach dem anderen im Wald.
«Wohin gehen sie denn?» fragte Purzel seine Mutter.
Die Hasenmutter streichelte seine langen Ohren:
«Sie besuchen die kleinen Zweibeiner. Man nennt sie auch Menschenkinder.»
«Was machen sie denn dort?»
«Sie bringen den Menschenkindern lauter feine Sachen. Sie stecken Schokoladehasen und bunte Eier in Osternestchen.

Morgen ist Ostern, und weil wir die Eier bunt färben und später auch noch verstecken, sind wir eben Osterhasen.»
«Warum darf ich eigentlich nicht mitgehen?» fragte Purzel traurig.
«Weil du einfach noch zu klein bist. Nächstes Jahr darfst du auch dabeisein», tröstete die Hasenmutter.
Aber auch Hasenkinder hören nicht gerne, dass sie für etwas zu klein sind.
«Ich bin auch schon gross, ganz gross, soooo grooss bin ich schon, ich will auch mitgehen. Huuuhuuuuhuuuu!»
Purzel begann zu weinen und schluchzte aus tiefstem Herzen. So viele Tränen kullerten aus seinen braunen Augen, dass sein Fell ganz nass wurde. Die Hasenmutter hatte Mitleid mit ihrem Kleinsten. Sie nahm ein grosses Efeublatt und wischte die Tränen aus seinem Gesichtchen.
«Aber nein, wer wird denn weinen», tröstete sie. «Lass mich mal nachdenken, vielleicht fällt mir etwas ein. Weisst du was, du kannst der kleinen Anna ein paar Eier bringen. Sie wohnt im weissen Häuschen beim alten Nussbaum. Das ist nicht so weit weg von hier. Aber pass gut auf und vergiss nicht, dass du nur auf den Hinterbeinen gehen darfst, weil sonst alle Geschenke aus dem Korb fallen.»
Die Mutter zog Purzel rote Samthosen und eine blaue Jacke mit Goldknöpfen an. Allerliebst sah er jetzt aus, so richtig wie ein Osterhase im Bilderbuch. Zuletzt kam noch der Korb auf den Rücken.
Sechs bemalte Eier und einen Schokoladehasen durfte Purzel Anna bringen. Der Schokohase war so gross, dass seine langen Ohren aus dem Korb herausguckten.
Könnt ihr euch vorstellen, wie stolz Purzel durch den Wald marschierte? Genauso stolz wie ein Kind, das zum ersten Mal mit seiner neuen Schultasche zur Schule geht. Dauernd blieb er

stehen und blickte um sich, damit ihn auch alle
bewundern konnten: die Eichhörnchen, die Rehe,
der Kuckuck und der Rabe.

Wie Purzel so fröhlich durch den Wald hoppelte, tauchte plötzlich ein rotpelziges Tier mit einem langen, buschigen Schwanz aus dem Gestrüpp auf. Es war der Fuchs.
Jetzt denkt ihr vielleicht, der Fuchs wollte Purzel fressen. Aber keine Angst, Füchse mögen keine Osterhasen.
Schokolade, die frisst ein Fuchs ganz gerne, wenn er sonst nichts findet. Der Fuchs sah den Schokoladeosterhasen aus dem Korb ragen und rief:
«Ja schau mal einer an, bei meinem Pelz, bist du schon gross geworden. Aber ist denn der Korb nicht viel zu schwer für dich? Darf ich mal nachsehen?»
Der Fuchs hob mit einer Pfote den Korb ein bisschen an, mit der

anderen fischte er gleichzeitig den Schokohasen aus dem Korb und versteckte ihn im Gestrüpp. Purzel aber merkte von allem nichts. Er strahlte vor Freude, weil der Fuchs so freundlich zu ihm war und sagte eifrig:
«Herr Fuchs, leben Sie wohl. Ich muss mich mächtig beeilen, weil ich noch etwas Wichtiges zu erledigen habe.»
Purzel hoppelte vergnügt weiter. Die Sonne schien, die Vögel zwitscherten, und er war so glücklich, dass er immer wieder einen Luftsprung machen musste. Bei jedem Hopser hüpfte ein Ei auf den Boden und zersprang. Purzel bemerkte es wieder nicht.
Bald erreichte er einen kleinen, klaren Bach. Als er sich übers Ufer beugte, um zu trinken, was entdeckte er im Wasser? Einen anderen kleinen Osterhasen. Purzel wusste natürlich nicht, dass er sein eigenes Spiegelbild sah. Er beugte sich so tief übers Wasser, um den anderen Osterhasen zu begrüssen, dass seine Schnauze ganz nass wurde. Vor lauter Staunen über den kleinen Hasen im Bach vergass Purzel, was er eigentlich noch vorhatte.
Es fing schon an zu dämmern, als er endlich weiterhoppelte. Jetzt musste er sich aber sputen. In grossen Sprüngen jagte Purzel über Wurzeln, trockenes Holz und über Maulwurfshügel, dass auch noch die letzten Ostereier aus dem Korb fielen.
In seinem Eifer bemerkte Purzel wieder nichts davon.
Ganz nah beim Waldrand stand ein kleines, weisses Haus und davor ein grosser Nussbaum. Purzel hüpfte in den Garten und fand auch gleich das Nestchen. Es war aus buntem Ostergras und lag versteckt zwischen Krokussen und Veilchen.
Der kleine Osterhase zog seinen Tragkorb aus, stellte ihn auf den Boden und wollte mit dem Auspacken anfangen.
Aber was war das? Der Korb war ja vollkommen leer! Vor Schreck bekam Purzel eine ganz weisse Nasenspitze.
Er sauste so schnell er konnte zum nächsten Hühnerhof.

Er klopfte an. Ein grauweiss gesprenkeltes Huhn streckte seinen Kopf heraus:
«Ga, ga, ga, gaaak, was wünschen Sie?»
Purzel keuchte ganz ausser Atem:
«Bitte entschuldigen Sie, haben Sie vielleicht Eier? Ich brauche unbedingt noch ein paar.»
Das Huhn gackerte:
«Ga, ga, ga, ga, gaaaak ... ja wo denken Sie hin. Morgen ist Ostern. Schon seit zwei Tagen ist bei uns alles ausverkauft. Heute bekommen Sie weit und breit kein Ei mehr. Ga, gaaaak!»
Purzel hoppelte nachdenklich zum Nestchen zurück und mümmelte verzweifelt vor sich hin:
«So eine verflixte Geschichte. Das arme Zweibeinerchen muss doch etwas im Osternest finden – aber was? Ich habe ja alles verloren. Was werden nur die anderen Osterhasen sagen?»
Purzel grübelte und rätselte – da hatte er plötzlich eine Idee.

Sofort rannte er los, sammelte Gänseblümchen, schmückte das Nest damit und setzte sich schnurstracks selbst mitten hinein. Vor lauter Aufregung machte Purzel die ganze Nacht über kein Auge zu und wartete neugierig auf das Osterfest.
Am nächsten Morgen kam die kleine Anna in den Garten und suchte ihr Nestchen.
War das ein Jubel!
Annas Wangen wurden vor Freude so rot wie Purzels Samthose. Sie knuddelte und streichelte ihn und sang ihm sogar ein Lied: «Osterhäschen lieb und nett, weißt, was ich am liebsten hätt'? Lieber noch als Eier naschen, möchte ich dich grad selbst erhaschen!»
Dann sprang Anna rasch in die Küche und brachte Purzel von allem, was sie finden konnte: Gugelhupf, Ananas, Pudding und Apfelkuchen. Purzel mampfte, bis ihm Hose und Jacke fast aus den Nähten platzten. Anna spielte mit ihrem Osterhäschen

Verstecken im Garten, legte ihm einen Kranz aus Narzissen um die Ohren und liess ihn zwischen ihren Puppen im Puppenwagen schlafen.

Die Sonne veschwand gerade hinterm Waldrand, als Anna Purzel auf den Arm nahm, ihn streichelte und sagte: «Osterhäschen, ich gehe jetzt schnell zum Abendessen ins Haus, und du wartest hier, bis ich wieder zurückkomme. Heute Nacht darfst du in meinem Zimmer schlafen und immer immer bei mir bleiben.»

Dann setzte sie ihn ins Osternest und lief hurtig ins Haus. Purzel war nun ganz allein im Garten. Die Sonne war schon untergegangen und es wurde kühler. Die Puppen im Puppenwagen starrten so seltsam leblos auf Purzel herunter, dass ihm ein bisschen unheimlich wurde.

Purzel fühlte sich verlassen; er spürte etwas, das er bisher noch nicht gekannt hatte: Purzel hatte Heimweh. Er sehnte sich nach dem warmen Pelz seiner Mutter und ihrer freundlichen Hasenstimme.

Blitzschnell fasste er einen Entschluss: Er band geschwind den Tragkorb auf seinen Rücken und sprang durchs offene Gartentor in den Wald. Ohne anzuhalten und ohne einen Blick zurückzuwerfen, hoppelte Purzel geradewegs zur Osterhasenwiese.

Die Hasenmutter und alle anderen Hasen freuten sich unbändig, dass ihr Kleinster wieder zu Hause war.

Die Osterhasen überschütteten Purzel mit ihren neugierigen Fragen:

«Purzelchen, wo warst du nur so lange? Was hast du denn bei der kleinen Anna gemacht? Hast du dich verirrt oder haben dich die Zweibeiner eingesperrt?»

Ganz ausführlich musste Purzel berichten, was er erlebt hatte. Die Hasenmutter klatschte vor Freude in ihre Pfoten, als sie hörte, wie Purzel sich selbst in Nest gesetzt hatte:

«Du bist ein sehr mutiger und gescheiter kleiner Osterhase, mein lieber Purzel. Ich bin richtig stolz auf dich.»
Die Osterhasen trommelten mit ihren Pfoten grossen Beifall auf die Waldwiese und hörten erst damit auf, als Purzel, dicht an seine Mutter gekuschelt, eingeschlafen war.
Die kleine Anna aber war sehr betrübt, als sie ihren Osterhasen nicht mehr im Garten vorfand. Ihre Mutter nahm sie in die Arme und tröstete:
«Weisst du Anna, Osterhasen können nicht für immer bei den Menschen bleiben. Wer sollte denn dann den Kindern nächste Ostern die Eier bringen?»
Das leuchtete Anna ein. Und sie freute sich schon aufs nächste Osterfest. Wer weiss, vielleicht kommt Purzel dann wieder?

Vom Kaninchen, das Eier legen wollte

Auf einem grossen Bauernhof lebten einmal drei Kaninchen. Gleich neben dem Hühnerhof lag ihr kleiner, enger Stall. Schon den ganzen Winter über kauerten sie dicht beisammen, und da es keinen Platz gab zum Spielen und Umherspringen, frassen und mümmelten sie von morgens bis abends.

Auf einmal aber wurde alles anders.
Am Weidenstrauch steckten silberne Kätzchen, im Haselnussbusch zwitscherten die Vögel, und die Sonne schien warm auf die braune Erde herab. Es war Frühling geworden.
An einem schönen, warmen Sonntag bekam der Bauer Besuch. Es waren seine Enkelkinder Bärbel und Andreas. Der Grossvater zeigte den Kindern den Hasenstall und öffnete das Gittertürchen. Noch etwas scheu hoppelten die drei Kaninchen hinaus.

«So, jetzt könnt ihr sie mal richtig anschauen. Der Schwarze hier heisst Moorle, der mit den weissen Tupfen Schäcky, und der kleine Braune, das ist der Hoppel. Willst du ihn mal halten, Bärbel?»
Bärbel schlang ihre Ärmchen um den weichen Hasenbauch und erdrückte Hoppel fast vor Freude:
«Ein Osterhase – ein Osterhase!» rief sie entzückt.
Aber Andreas, der schon zur Schule ging, tippte sich mit dem Zeigefinger an die Stirn:
«Das ist doch kein Osterhase, das ist nur ein ganz gewöhnlicher Stallhase.»
Bärbel konnte es nicht begreifen:
«Aber er sieht genau so aus wie der Osterhase in meinem Bilderbuch.»
«Deswegen ist es doch nur ein einfaches Kaninchen.»
«Warum?» fragte Bärbel.
«Weil es ... ähh ... weil es keine Eier legen kann.»
Etwas Besseres fiel Andreas nicht ein.
Bärbel war enttäuscht. Sie setzte sich zu Hoppel ins Gras, streichelte sein weiches Fell und fütterte ihn mit feinen Kräutern und Löwenzahn.
Später fuhr sie das Häschen sogar in Grossmutters Puppenwagen spazieren und sang ihm dabei Lieder aus dem Kindergarten vor. Das gefiel Hoppel so gut, dass er sich bis über seine beiden langen Ohren in Bärbel verliebte.
Am Abend reisten die Kinder wieder ab. Bärbel kraulte noch einmal Hoppels weiches Köpfchen und wisperte ihm ins Ohr:
«Nicht wahr, du bist trotzdem ein richtiger Osterhase?»
Als Hoppel in der Nacht in seinem Verschlag lag, konnte er lange nicht einschlafen. Immer wieder dachte er an das herzige Mädchen. Er schubste Moorle, der neben ihm schlief und fragte aufgeregt:

«Du – weisst du, wie man Eier legt? Ich würde es so gerne lernen. Dann wäre ich ein Osterhase.»
Moorle gähnte und brummelte vor sich hin:
«Was fällt dir eigentlich ein, mich wegen so eines Unsinns zu wecken? Frag' doch ein Huhn.»
Er rollte sich auf die andere Seite und schnarchte weiter. Am nächsten Morgen kam der Bauer, öffnete die Stalltür und liess die Kaninchen ins Freie. Schnurstracks sauste Hoppel zum Hühnerstall und fragte das erste Huhn, das ihm über den Weg stolzierte:
«Entschuldigen Sie bitte, Frau Huhn, könnten Sie mir vielleicht zeigen, wie man Eier legt?»
Das Huhn dachte es höre nicht recht.
«Wa, wa, waaas – wie bitte, was möchten Sie wissen. Ga, ga, ga, gaaak?»

«Wie man Eier legt. Ich würde es gerne lernen. Ich möchte ein Osterhase werden.»
«Aha, ga, ga, ga, gaaak. Das ist sehr einfach. Da muss man ... eee ... also, erklären kann ich das nicht. Ich mach' es Ihnen mal vor. Ga, ga, ga, gaaak.»
Das Huhn kuschelte sich ins Nest und flugs legte es ein schönes, weisses Ei.

«Ah – das ist ja wirklich kinderleicht», dachte Hoppel.
Er kauerte sich auf die Erde und versuchte sein Glück. Er drückte und drückte. Aber es ging nicht. Nur ein kleines, schwarzes Klümpchen kam zum Vorschein. Hoppel mümmelte verlegen:
«Es ist, glaube ich, doch schwieriger, als es aussieht. Würde es Sie sehr stören, wenn ich mir die Sache morgen noch einmal anschaue?»
«Ga, ga, ga, gaaak. Aber natürlich nicht. Kommen Sie so oft Sie wollen. Ich zeige es Ihnen gerne noch einmal. Ga, ga, ga, gaaak.»
Das Huhn trippelte davon.

Das Wetter blieb schön und die Hasen durften jeden Tag ein paar Stunden ins Freie. Moorle und Schäcky füllten sich ihre Bäuche mit Klee und saftigen Gräsern. Hoppel aber hatte keine Zeit zum Fressen.

Tagelang streifte er über den Hühnerhof und schaute den Hühnern beim Eierlegen zu. Abends im Stall übte er dann so angestrengt, dass ihm die Ohren wackelten. Dabei brachte er einfach kein Ei zustande.

Schäcky und Moorle machten sich insgeheim lustig über Hoppel, und eines Abends sagte Schäcky zu Hoppel:
«Ich weiss schon, warum das Eierlegen nicht klappt. Du darfst auf keinen Fall deine Milchbrocken fressen. Für jemanden, der Eier legen will, sind Milchbrocken ungeheuer schädlich. Nicht wahr, Moorle?»

Dabei zwinkerte er Moorle heimlich zu. Moorle nickte eifrig mit dem Kopf:
«Ja, ja, das habe ich auch schon gehört. Wenn Hühner zuviel Eier legen, gibt man ihnen nur Milchbrocken. Dann hören sie sofort auf. Und Zweibeiner können ja bekanntlich auch keine Eier legen. Die essen ja auch solches Zeug.»

Von da an frass Hoppel keine Milchbrocken mehr. Dabei hatte er sie doch fürs Leben gern. Das Wasser lief ihm im Schnörrchen zusammen, wenn er zusehen musste, wie die andern seinen Teller leerschleckten.

So kam der Tag des Osterfestes herbei. Die Kaninchen durften jeden Tag hinaus und konnten fressen soviel sie wollten. Der Bauer wollte sie am Abend vor Ostern schlachten. Moorle und Schäcky waren so kugelrund, dass sie beinahe platzten. Der Bauer lachte zufrieden, als er sie betrachtete.
«Mhmmm, das gibt einen saftigen Osterbraten! Jetzt muss ich nur noch Hoppel suchen, damit es für die ganze Verwandtschaft reicht. Wo steckt denn der Lauser?»
Natürlich fand Grossvater Hoppel bei den Hühnern. Der Bauer schlug die Hände über dem Kopf zusammen, als er den spindeldürren Hasen sah:
«Ja du meine Güte, was ist denn mit dem Karnickel los? So ein mageres Kerlchen kann ich doch nicht schlachten.»
Der Grossvater packte Hoppel beim Genick und trug ihn in den

Stall zurück. So blieb Hoppel am Leben; allerdings war er ganz und gar nicht zufrieden und mümmelte vor sich hin:
«Wenn ich nur Eier legen könnte und ein Osterhase wäre.»
Die halbe Nacht übte und übte er weiter. Aber nur schwarze Kügelchen plumpsten ins Stroh, sosehr er sich auch anstrengte. Zu guter Letzt schlief Hoppel todmüde ein und träumte vom Eierlegen.
Am nächsten Morgen stand der Grossvater in aller Frühe auf. Er bereitete gerade die Osternestchen für Bärbel und Andreas vor, als ihm etwas einfiel.
Er lief eilends zum Kaninchenstall, hob den schlafenden Hoppel behutsam heraus, band ihm eine rote Schleife um den Hals und setzte ihn mitten in den Korb mit den Ostereiern. Vorsichtig stellte er das Osternest an Bärbels Platz. Als Hoppel endlich aufwachte, stand das Mädchen strahlend vor ihm und rief begeistert: «Ein Osterhase, ein Osterhase, ein echter, ein lebendiger Osterhase!»
Hoppel sass mitten in roten, blauen, gelben, grünen, violetten, getupften, gestreiften und geblümten Eiern.
«Ooooh – die habe ich im Schlaf gelegt!» dachte Hoppel und blickte stolz um sich.
Den ganzen Tag über durfte der Hase mit der Familie Ostern feiern. Am besten gefiel ihm das Osterhasenlied, das Bärbel und Andreas sangen:
«Hinterm Haus und vor dem Haus, machen wir Ringeltänzchen, Osterhäschen schaut uns zu und wackelt mit dem Schwänzchen.»
Vor lauter Begeisterung wackelte Hoppel wirklich mit dem Schwänzchen.
Von diesem Tag an wurde Hoppel nur noch Osterhase genannt. Er gehörte jetzt der kleinen Bärbel und wurde nie getötet. So erlebte er noch manches Osterfest.

Der Hase und der Storch

Ein Hase und ein Storch beschlossen, Freunde zu sein. Eines Tages sagte der Hase zum Storch:
«Komm' doch einmal zu mir zum Mittagessen, mein lieber Freund. Ich werde dir ein wunderbares Essen zaubern, du wirst staunen, wie gut ich kochen kann.»
Schon bald traf der Storch zum Festessen ein. Der pfiffige Hase aber hatte nur Griessbrei gekocht, einen köstlichen Griessbrei mit süssem Rahm und frischen Beeren. Er verrührte alles miteinander und strich den Brei ganz flach auf dem Teller aus. Er stellte die Schale vor den Storch und näselte scheinheilig: «Schau nur, mein lieber Freund, ich habe alles selbst gekocht, nur für dich allein. Lass es dir schmecken, es ist wunderbar.»
Der Storch hatte einen Bärenhunger und stocherte mit seinem spitzen Schnabel im Griessbrei herum, aber natürlich bekam er keinen Krümel zu fassen. Der Hase, nicht faul, schleckte den

ganzen Brei selber auf. Zu guter Letzt sagte der Schelm zum Storch:

«Das tut mir jetzt aber wirklich sehr leid, dass du meinen Griessbrei nicht magst. Leider habe ich gar nichts anderes.»

Der Storch erwiderte:

«Lass es gut sein, mein lieber Freund Hase. Vielen Dank! Komm doch morgen zu mir zum Essen. Ich werde dir auch etwas Besonderes zubereiten. Iss aber bitte vorher nichts, damit du auch einen guten Appetit mitbringst.»

Am nächsten Tag freute sich der Hase auf eine leckere Mahlzeit und hoppelte zum Storch. Der Storch hatte eine duftende Gemüsesuppe gekocht mit vielen würzigen Kräutern. Er stellte die Suppe aber in einem Krug auf den Tisch. In einem Krug mit einem langen, engen Hals.

«Greif zu, iss dich satt, guter Freund, ich habe dir ein feines Süppchen gekocht. Mmhh, riechst du, wie gut es duftet?»

Der Hase tänzelte hungrig um den Krug herum, schnüffelte und leckte sich das Mäulchen. Er machte das Männchen und wollte seinen Kopf in den Krug stecken, aber sein Hasenkopf war viel zu dick. So bekam auch er kein Schlückchen Suppe in seinen hungrigen Magen.
Der Storch, nicht dumm, schob seinen langen, dünnen Schnabel durch den Krughals und zog ihn erst wieder heraus, als kein Tröpfchen Suppe mehr übrig war. Dann sagte er schelmisch:
«Es tut mir aufrichtig leid, dass du kein Liebhaber von Suppe bist. Leider kann ich dir nichts anderes anbieten.»
Mit knurrendem Magen hoppelte der Hase nach Hause. Nun war es aus mit der Freundschaft zwischen Meister Lampe und Meister Adebar.

Der Hase, der Elefant und der Wal

Eines Tages ging der Hase am Strand spazieren. Da sah er, wie sich der Elefant mit dem Wal unterhielt. Das kam dem Hasen seltsam vor, und er dachte bei sich:
«Was haben denn die beiden Ungetüme so Wichtiges zu besprechen?»
Er versteckte sich hinter einem Strauch und spitzte die Ohren.
Der Wal schob seinen riesigen Kopf aus dem Wasser und sprach:
«Elefant, du bist der Mächtigste auf dem Land, und ich bin der Mächtigste im Wasser. Wenn wir beide zusammenhalten, können wir die ganze Welt regieren. Wir wären die Herrscher, und alle müssten uns dienen.»
Das leuchtete dem Elefanten ein, und er trompetete vor Freude:
«Herrscher der Welt zu sein, das würde mir wohl gefallen. Wir müssen uns bald treffen und alle Vorbereitungen besprechen.»
Dem Hasen behagte ganz und gar nicht, was er da hörte.
Er wollte seine Freiheit behalten und nicht einem Stärkeren gehorchen. Darum mümmelte er leise vor sich hin:
«Das könnte den beiden so passen, die ganze Welt zu regieren. Dazu braucht es aber mehr Verstand, als die zwei in ihren dicken Köpfen haben. Na, die werden noch ihr blaues Wunder erleben!»
Der Hase flocht aus Binsengras ein langes, dickes, starkes Seil. Er schleppte es zum Strand und wartete, bis der Wal wieder aus dem Wasser schaute. Dann hob er jammernd seine Pfoten und seufzte:
«Oje, ojemine, meine Kuh, meine schöne Kuh ist im Schlamm versunken und niemand auf der ganzen Welt ist stark genug, dass er sie herausziehen könnte. Oje, oje, was soll ich nur machen?»

«Aber Hase, das ist doch für mich eine Kleinigkeit», blubberte der Wal, «soll ich es dir mal zeigen?»
«Oh vielen Dank, das wäre aber sehr nett von Ihnen, warten Sie, ich gebe Ihnen den Strick, und das andere Ende binde ich um meine Kuh. Wenn ich fertig bin, rufe ich: fertig, los! Dann müssen Sie fest ziehen. Wahrscheinlich sind Sie doch zu schwach. Die Kuh steckt nämlich unglaublich tief im Sumpf.»
«Ho, ho, nur keine Angst, ich ziehe die Kuh aus dem Morast und wenn sie bis zu den Hörnern eingesunken ist.»
Der Hase warf dem Wal das Strickende zu und hüpfte in grossen Sprüngen mit dem anderen Ende zum Elefanten.
Kaum beim Elefanten angekommen, begann er wieder zu klagen:
«Ojemine, oje, oje, meine Kuh, meine einzige Kuh ist im Schlumm versampft – äh – im Schlamm versumpft, und gar gar niemand hat genügend Kraft, um sie hinauszuziehen!»
Der Elefant trompetete:
«Das ist doch für mich ein Kinderspiel. Deine Kuh zieh' ich aus dem Schlamm, als wär' sie ein Floh!»
Der Hase verneigte sich tief:
«Tausend Dank, Mächtiger. Ich binde jetzt den Strick um Ihren Rüssel und das andere Ende um meine Kuh. Wenn ich bereit bin, rufe ich: fertig, los! Und dann können Sie ziehen, so stark Sie können. Ich glaube zwar nicht, dass es klappt, aber probieren geht über studieren.»
Der Hase wickelte das Seil um den Elefantenrüssel, versteckte sich hinter einem Busch und rief, so laut er konnte:
«Fertig, los!»
Der Elefant zog, der Wal zog. Das Seil spannte sich, und der Elefant dachte:
«Heieiei, ist das eine schwere Kuh! So eine Schufterei!»
Er stemmte seine mächtigen Füsse gegen einen Baum und zog mit grossem Ruck.

«Donnerwetter, die Kuh steckt wirklich tief drin!» brauste der Wal verdattert, «aber der will ich's zeigen.»
Der Wal zerrte am Seil, so fest er konnte. Der Elefant ebenso. Doch jedesmal, wenn der Elefant zog, wickelte er das Seil um seinen Rüssel. Deshalb wurde der Wal immer mehr an Land gezogen. Wutschnaubend tauchte er tief ins Meer hinab. Auch er wickelte sich dabei das Seil mehrmals um seinen gewaltigen Bauch. Jetzt rutschten und schlitterten die Füsse des Elefanten, bis er am Meeresufer ankam.

Vor Wut schäumend nahm er all seine Kraft zusammen – ein Ruck, und der Wal tauchte aus dem Wasser auf.
Die beiden Riesenburschen glotzten einander an, als hätten sie sich noch nie gesehen. Jeder hatte inzwischen die Hälfte des Seiles um sich gewickelt, und beide platzten beinahe vor Zorn:
«Dich will ich lehren, Kuh zu spielen!» trompetete der Elefant.
Der Wal tobte: «Wer macht hier die Kuh? Warte nur, dir werd' ich's zeigen!»
Beide zogen wieder aus Leibeskräften und – ratsch! – zerriss das Seil.
Der Wall platschte rückwärts ins Meer zurück. Der Elefant purzelte im Uferschlamm auf den Rücken und streckte alle vier Beine in die Luft.
Jetzt schämten sich beide so sehr, dass sie nichts mehr voneinander wissen wollten.
Nun wurde es also nichts mit dem «Regieren».
Der Hase aber lachte und lachte, bis sein Mäulchen platzte.
Seit dieser Zeit haben alle Hasen gespaltene Oberlippen.

Der Hase und der Löwe

Vor vielen, vielen Jahren, als es noch keine Menschen gab, lebten alle Tiere friedlich und glücklich miteinander. Sie stritten nie, und keines frass das andere auf.
Eines Tages aber tauchte der Löwe im Wald auf. Er war stärker als die anderen Tiere und begann sofort mit ihnen zu streiten, um zu zeigen, wie grossartig er sei. Es dauerte nicht lange, bis er sogar einige Tiere tötete.
Bald schickte der Löwe den Schakal in den Wald und liess alle Tiere zu sich rufen. Sie kamen in Scharen und versammelten sich vor seiner Höhle. Stolz und hochmütig stand der Löwe vor ihnen und hielt eine Rede:
«Hört gut zu: Von heute an bin ich euer König und der Schakal hier ist mein Minister. Ihr alle seid meine Untertanen und darum müsst ihr mir jeden Abend eine lecker gekochte Mahlzeit bringen. Wer mir nicht gehorcht, den fresse ich auf!»
Die sonst so friedlichen Tiere waren sehr zornig. Sie hätten den Löwen gerne fortgejagt, wagten es aber nicht, weil er der Stärkere war. Von nun an brachte jeden Abend ein anderes Tier etwas zu Fressen vor die Löwenhöhle. Der feige Schakal schlich immer um den Löwen herum und schmeichelte:
«Du bist der Grösste, der Schönste und der Stärkste. Niemand ist mächtiger als du, grosser König!»
Zum Dank bekam er die Reste zu fressen, die der Löwe übrig liess. Alle Tiere hatten dem Löwen schon ein gutes Abendessen gebracht, nur der Hase nicht. Die Hasenfamilie sass gerade gemütlich in ihrem Häuschen, da kam der Schakal auf dem Waldweg herangeschlichen und näselte:
«Bist du da, Hase?»
«Ja, natürlich bin ich da. Warum sollte ich nicht da sein?»

antwortete der Hase. Der Schakal kam näher:
«Weisst du nicht mehr, was unser König Löwe befohlen hat?»
«Nein, was hat denn seine hochwohlgeborene Grossmäuligkeit befohlen? Was denn, was?»
«Nun, du bist heute an der Reihe, dem Löwen ein gutes Abendessen zu bringen. Wenn du nicht tust, was er sagt, kommt er und frisst dich samt deiner ganzen Sippschaft auf. Also, verlier' keine Zeit, sonst ergeht es euch schlecht!»
Die Frau des Hasen begann bitterlich zu weinen:
«Oh weh! Oh weh! Wie sollen wir kleinen Hasen dem Löwen etwas Gutes vorsetzen? Er frisst doch bestimmt keinen Kohl und keine Rüben. Der wartet doch nur darauf, dass er uns alle auffressen kann. Oh, unsere armen, armen Kinder!»
Aber Vater Hase tröstete Mutter Hase:
«Hab' keine Angst, meine liebe Frau. Der Löwe ist zwar sehr stark, aber auch ziemlich dumm. Mit dem werde ich schon fertig. Mach' dir keine Sorgen. Der Löwe wird uns nicht fressen, das verspreche ich dir.»
Der Hase putzte sich heraus, zwirbelte seinen Schnurrbart und machte sich auf den Weg zur Höhle des Löwen. Die Tiere, die ihm unterwegs begegneten, sahen ihn erstaunt an und fragten:
«Wohin marschierst du, Bruder Hase? Warum hast du dich so fein gemacht?»
Der Hase antwortete fröhlich: «Ich bin auf dem Weg zu König Löwe. Ich finde es ist an der Zeit, ihm zu sagen, wo der Hase langgeht.»

Kurz bevor der Hase bei der Höhle des Löwen ankam, zerzauste er sein Fell und wälzte sich in einer Schlammpfütze. Bald darauf stand er verdreckt und mit hängenden Ohren vor dem erzürnten Löwen. Der hatte schon lange auf ihn gewartet und riss sein Maul weit auf:
«Was fällt dir eigentlich ein? Erstens kommst du viel zu spät, und dann hast du auch noch die Frechheit, kein Fressen mitzubringen. Jetzt hast du ausgehopst - ich mach' dir den Garaus!»
Der Hase warf sich vor dem Löwen auf den Boden, machte ein ganz verzweifeltes Gesicht, jammerte und stammelte:

«Wa - wa- wartet hoher Herr, lasst Euch erklären – verzeiht mir –
ich kann gewiss nichts dafür, ich hatte ein wunderbares
Nachtessen für Euch. Meine Frau hatte es selbst gekocht, und
sie ist eine grossartige Köchin. Sie hatte einen köstlichen
Braten gemacht mit frischen Kräutern und Pilzen. Als ich nun
eilends zu Euch hoppelte, damit das Essen noch heiss ist,
da sprang unten in der Schlucht plötzlich ein Löwe aus dem
Gestrüpp und versperrte mir den Weg. Er entriss mir Euer
Nachtessen und verschlang es auf der Stelle. Ich habe ihm
natürlich gesagt, dieses Essen sei für Euch bestimmt, für
meinen König. Und was hat der aufgeblasene Kerl geantwortet?
– e r sei der richtige König, und zwar der Einzige.»
Der Löwe sperrte seinen Rachen weit auf und brüllte:
«Wo ist dieser Gauner? Los, bring mich sofort zu ihm; ich werde
ihn zerfetzen!»
«Das habe ich ihm auch gesagt», mümmelte der Hase.
«Aber er hat geantwortet – ich wag' es kaum zu wiederholen –
vor Ihnen habe er keine Angst, Sie seien ja nur ein Löli, ääh – ein
Leuli! Ja, genau das hat er gesagt.»
Der Löwe stiess ein gewaltiges Gebrüll aus und peitschte mit
seinem Schwanz auf den Boden:
«Ooaaaa! Wo ist der Kerl, zeig mir sein Versteck, ich werd' ihm
zeigen, wer hier der König ist!»
«Ja, ja, das hab' ich ihm auch gesagt. Aber er hat mich
nur ausgelacht. Folgen Sie mir, Majestät, ich führe Sie zu ihm.»
Der Hase flitzte davon, und der Löwe hastete hinter ihm her.
Plötzlich blieb der Hase wie angewurzelt stehen. Vor ihnen
lag ein grosses, tiefes Loch, bis an den Rand gefüllt mit klarem
Wasser.
«Ich getrau' mich nicht weiter», wisperte der Hase, »weil ich
so klein bin. Aber wenn Ihr Euch niederbeugt und in das Loch
hineinschaut, dann seht Ihr das jämmerliche Grossmaul.»

Blind vor Wut sprang der Löwe an den Rand des Tümpels und beugte sich übers Wasser. Dort erblickte er sein eigenes Spiegelbild.
«Komm raus du Feigling!» schrie er und fletschte seine Zähne. Der Löwe im Wasser tat dasselbe.
«Ich reisse dich in tausend Stücke», donnerte der Löwe und starrte seinen Feind böse an. Der Löwe im Wasser tat dasselbe. Er riss sein Maul auf, so weit er konnte. Der Löwe im Wasser natürlich auch.

Bebend vor Zorn hob der Löwe seine Pranken und sprang seinem Widersacher mitten ins Gesicht.
P l a t s c h ! – Gurgelnd verschwand der Löwe im Wasser. Jetzt erst begriff er, dass der Hase ihn hinters Licht geführt hatte.
Nun kam Leben in die Bäume ringsum. In den Baumkronen kreischten, kekerten und johlten Affen, Vögel und andere Tiere. Sie hatten dem Schauspiel aus sicherer Entfernung zugeschaut. Wie ein Lauffeuer breitete sich die Nachricht aus, dass der Löwe dem Hasen in die Falle gegangen war.
Tropfnass kletterte der überlistete Löwe aus dem Wasserloch heraus. Er schämte sich so sehr, dass er sich mit eingezogenem Schwanz davonstahl.

Von nun an lebten die Tiere wieder in Frieden, denn der Löwe liess sich nie mehr blicken in dieser Gegend.
Der schlaue Hase aber zwirbelte seinen Schnurrbart und hoppelte fröhlich zu seiner Frau und seinen Kindern.